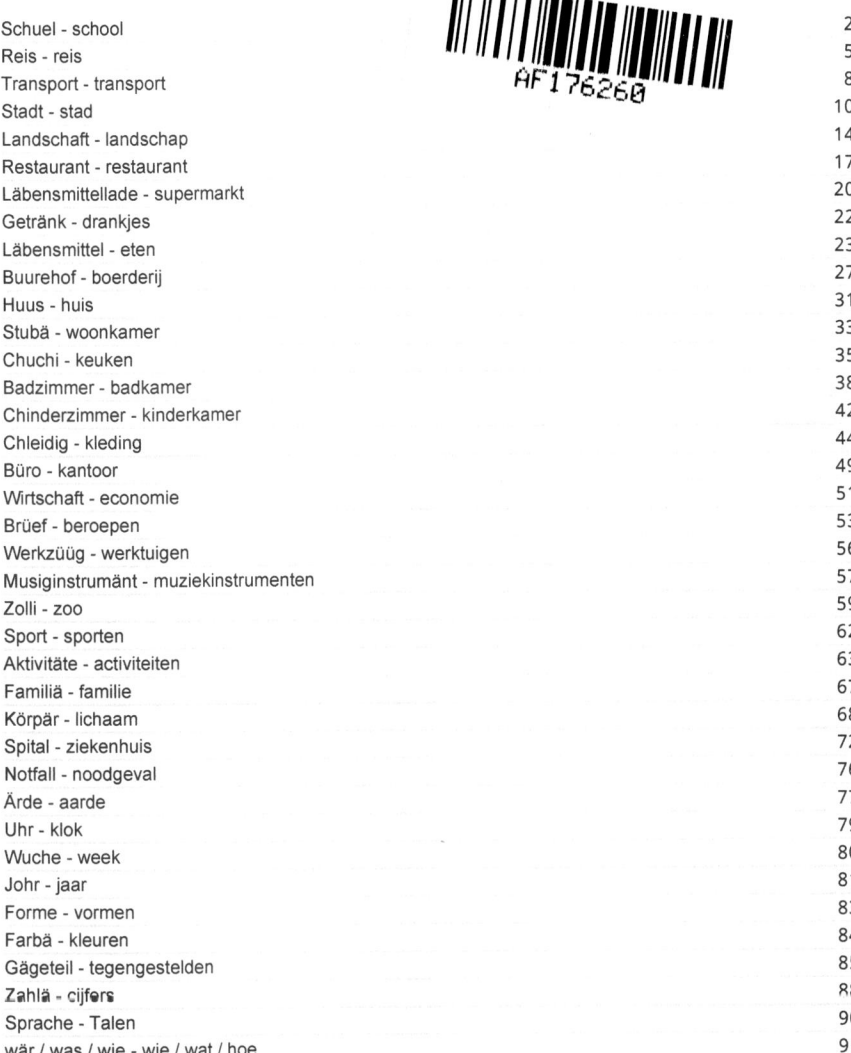

Impressum
Verlag: BABADADA GmbH, Nedderfeld 112 , 22529 Hamburg
Geschäftsführer / Verlagsleitung: Harald Hof
Druck: Books on Demand GmbH, In de Tarpen 42, 22848 Norderstedt

Imprint
Publisher: BABADADA GmbH, Nedderfeld 112 , 22529 Hamburg, Germany
Managing Director / Publishing direction: Harald Hof
Print: Books on Demand GmbH, In de Tarpen 42, 22848 Norderstedt

# Schuel
# school

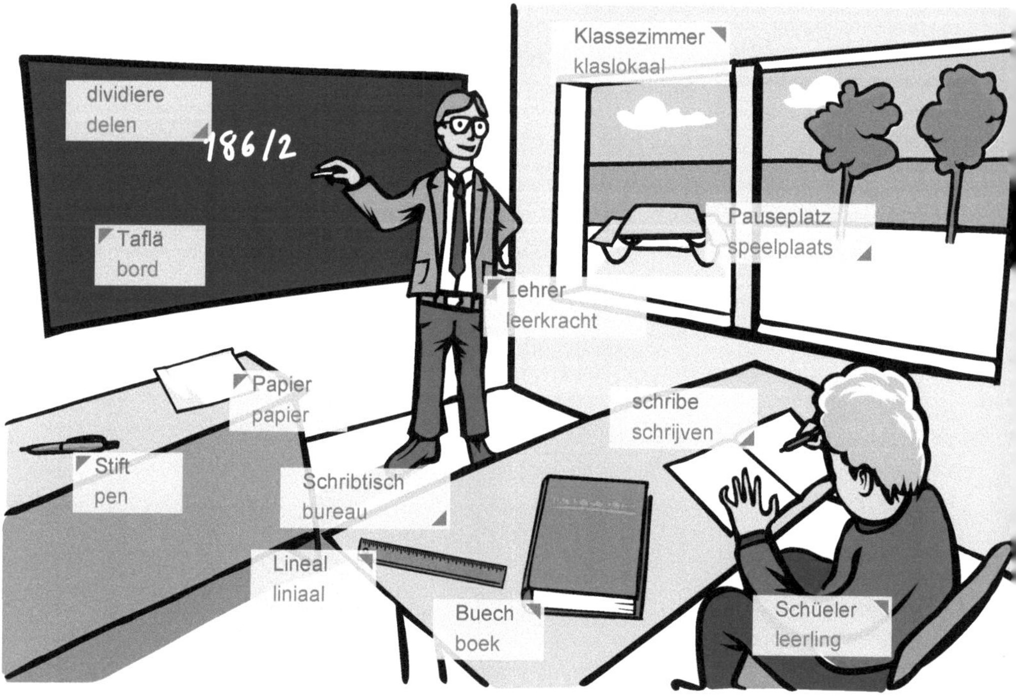

Klassezimmer
klaslokaal
dividiere
delen
186/2
Taflä
bord
Pauseplatz
speelplaats
Lehrer
leerkracht
Papier
papier
schribe
schrijven
Stift
pen
Schribtisch
bureau
Lineal
liniaal
Buech
boek
Schüeler
leerling


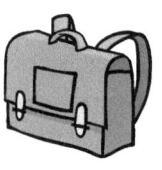

Thek
schooltas

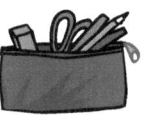

Etui
pennenzak

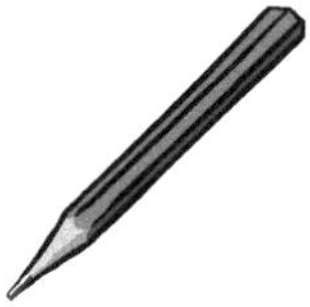

Bleistift
potlood

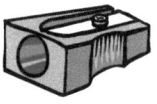

Spitzer
puntenslijper

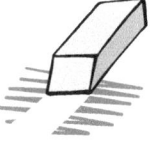

Radiergummi
gom

Zeicheblock
tekenblok

Zeichnig

tekening

Pinsel

verfborstel

Malchaschte

verfdoos

Schär

schaar

Liim

lijm

Üebigsheft

werkboek

Huusufgabe

huiswerk

**12**

Zahl

nummer

**2+2**

addiere

optellen

**5-2**

subtrahiere

aftrekken

**2×2**

multipliziere

vermenigvuldigen

rächne

rekenen

**A**

Buechstabe

letter

**ABCDEFG HIJKLMN OPQRSTU VWXYZ**

Alphabet

alfabet

**hello**

Wort

woord

Text

tekst

läse

Lezen

Kriide

krijt

Lektion

les

Klassäbuech

klassenboek

Prüefig

examen

Zügnis

certificaat

Schueluniform

schooluniform

Usbildig

onderwijs

Enzyklopädie

encyclopedie

Universität

universiteit

Mikroskop

microscoop

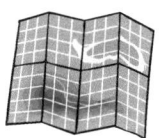

Charte

kaart

Papierchorb

papiermand

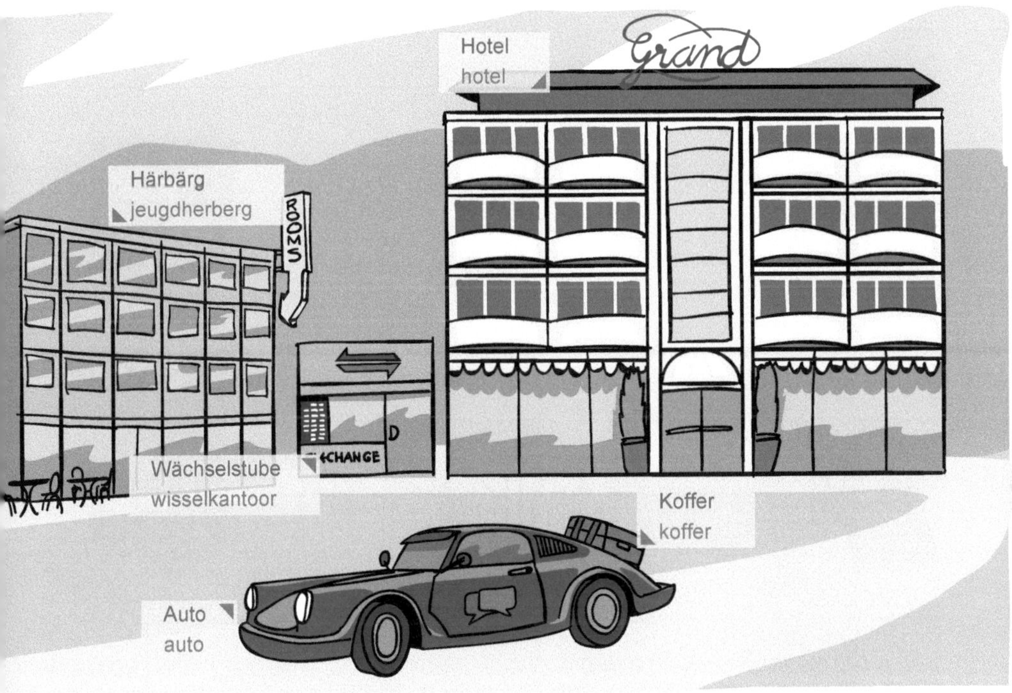

Hotel
hotel
Grand
Härbärg
jeugdherberg
ROOMS
Wächselstube
wisselkantoor
EXCHANGE
Koffer
koffer
Auto
auto

Sprach
Taal

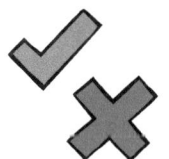

jo / nei
ja / nee

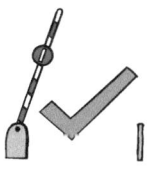

okay
oké

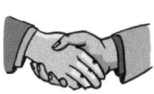

Hallo
hallo

Dolmetscher
vertaler

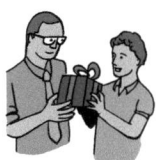

Dankä
bedankt

Was chostet...?

Hoeveel kost ...?

Ich vrstahs nöd

Ik begrijp het niet

Problem

probleem

Guete Abig!

Goedenavond!

guete Morgä!

Goedemorgen!

guete Abig!

Goedenavond!

Uf Wiederseh

Tot ziens

Richtig

richting

Bagaasch

bagage

Täsche

zak

Rucksack

rugzak

Gast

gast

Ruum

kamer

Schlafsack

slaapzak

Zält

tent

Reis - reis

Touristeninformation

toeristeninformatie

Strand

strand

Kreditkarte

kredietkaart

Zmorge

ontbijt

Zmittag

lunch

Znacht

avondeten

Billet

ticket

Ufzug

lift

Briefmarke

postzegel

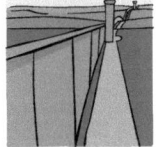

Gränze

grens

Zoll

douane

Botschaft

ambassade

Visum

visum

Pass

paspoort

# Transport

## transport

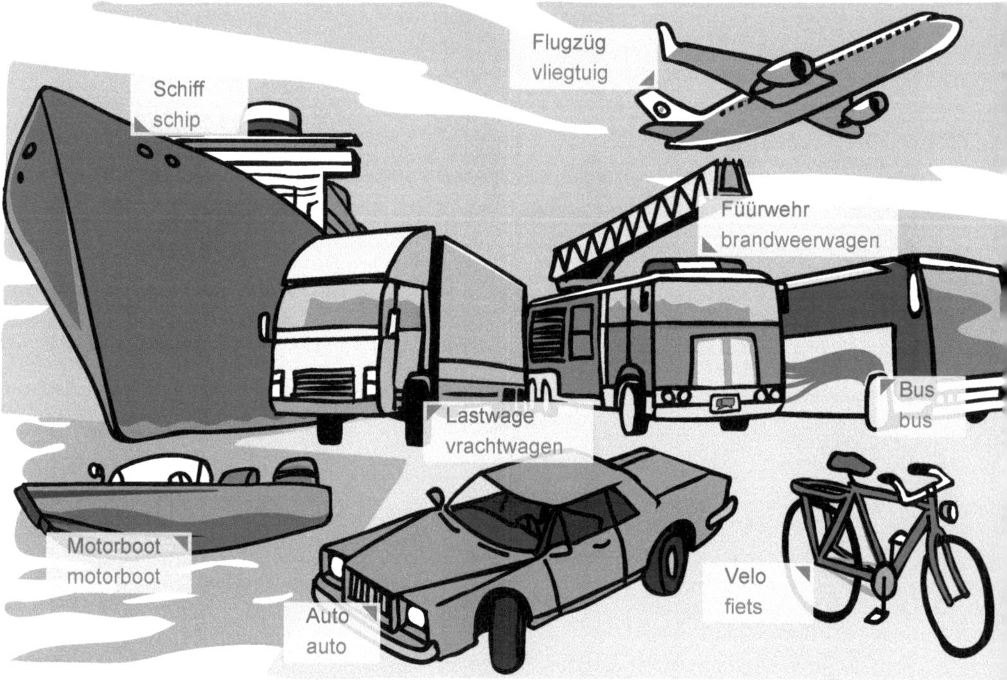
Flugzüg
vliegtuig
Schiff
schip
Füürwehr
brandweerwagen
Bus
bus
Lastwage
vrachtwagen
Motorboot
motorboot
Velo
fiets
Auto
auto

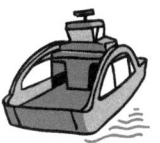

Fähri

veerboot

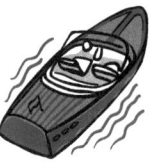

Boot

boot

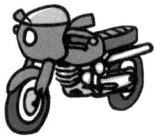

Töff

motor

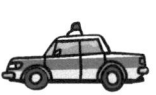

Polizeiauto

politiewagen

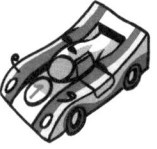

Rännauto

racewagen

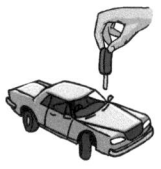

Mietwage

huurauto

| | | |
|---|---|---|
|  |  |  |
| Carsharing | Abschleppwage | Chübelwage |
| carpoolen | sleepwagen | vuilniswagen |
|  |  |  |
| Motor | Benzin | Tankstell |
| motor | benzine | benzinestation |
|  | 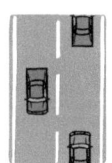 | 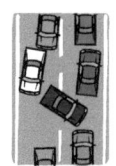 |
| Verkehrsschild | Verchehr | Stau |
| verkeersbord | verkeer | file |
|  |  |  |
| Parkplatz | Bahnhof | Schicnc |
| parkeerplaats | station | sporen |
|  | 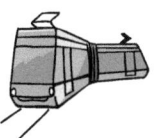 |  |
| Zug | Strassebahn | Wagon |
| trein | tram | wagon |

Helikopter

helikopter

Flughafe

luchthaven

Tower

toren

Passagier

passagier

Container

container

Karton

karton

Chare

kar

Korb

mand

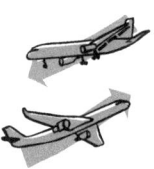

starte / lande

opstijgen / landen

## Stadt

## stad

Dorf

dorp

Stadtzentrum

stadscentrum

Huus

huis

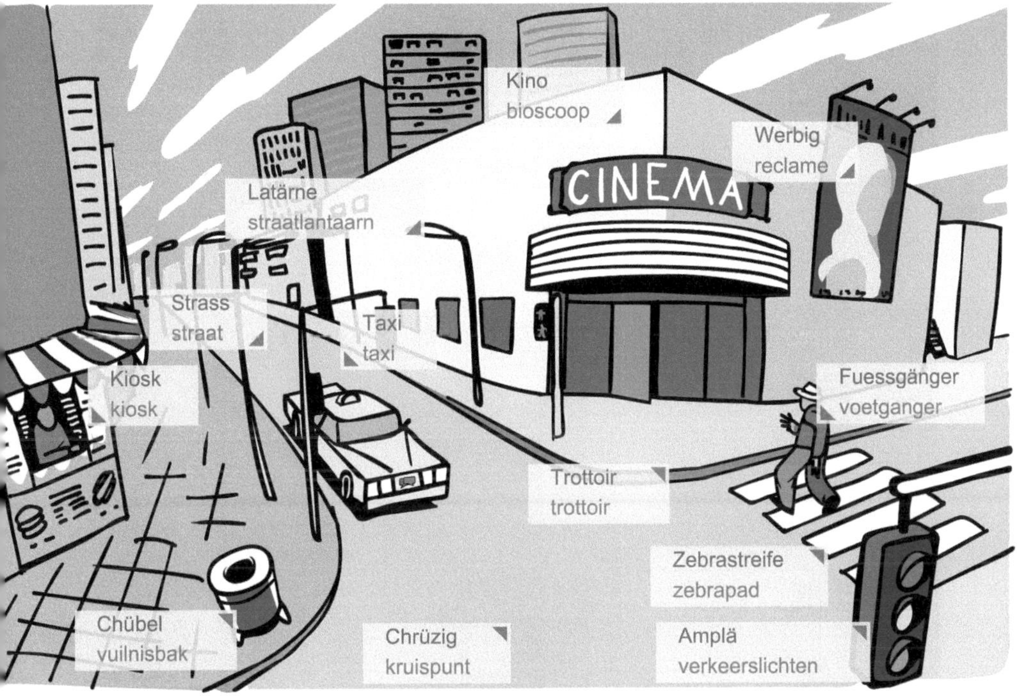

Kino
bioscoop

Werbig
reclame

Latärne
straatlantaarn

CINEMA

Strass
straat

Taxi
taxi

Kiosk
kiosk

Fuessgänger
voetganger

Trottoir
trottoir

Zebrastreife
zebrapad

Chübel
vuilnisbak

Chrüzig
kruispunt

Amplä
verkeerslichten

Hütte
hut

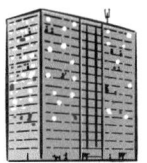

Wohnig
woning

Bahnhof
station

Gmeindshuus
stadshuis

Museum
museum

Schuel
school

Universität

universiteit

Bank

bank

Spital

ziekenhuis

Hotel

hotel

Apotheke

apotheek

Büro

kantoor

Buechgschäft

boekwinkel

Gschäft

winkel

Bluemelade

bloemenwinkel

Läbensmittellade

supermarkt

Märt

markt

Chaufhuus

warenhuis

Fischhändler

vishandelaar

Iihkaufszentrum

winkelcentrum

Hafe

haven

Park

park

Bank

bank

Brugg

brug

Stäge

trap

U-Bahn

metro

Tunnell

tunnel

Bushaltestell

bushalte

Bar

bar

Restaurant

restaurant

Briefchastä

brievenbus

Strasseschild

straatnaambord

Parkuhr

parkeermeter

Zolli

zoo

Badi

zwembad

Moschee

moskee

Buurehof
boerderij

Umwältvrschmutzig
milieuverontreiniging

Fridhof
kerkhof

Chile
kerk

Spielplatz
speelplaats

Tämpel
tempel

# Landschaft
## landschap

Blatt
blad

Wägwiiser
wegwijzer

Wäg
weg

Wise
weide

Stei
steen

Baum
boom

Wanderer
wandelaar

Fluss
rivier

Gras
gras

Bluamä
bloem

Tal

vallei

Bärg

heuvel

See

meer

Wald

bos

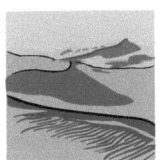

Wüeschti

woestijn

Vulkan

vulkaan

Schloss

kasteel

Rägeboge

regenboog

Pilz

paddenstoel

Palme

palmboom

Moskito

mug

Fliege

vlieg

Ameise

mier

Biendli

bijl

Spinne

spin

Chäfer

kever

Frosch

kikker

Eichhörnli

eekhoorn

Igel

egel

Haas

haas

Üle

uil

Vogu

vogel

Schwan

zwaan

Wildschwein

wild zwijn

Hirsch

hert

Elch

eland

Damm

dam

Windturbine

windturbine

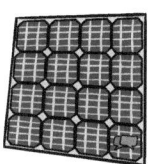

Sunnekollektor

zonnepaneel

Klima

klimaat

# Restaurant
## restaurant

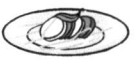

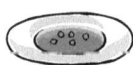

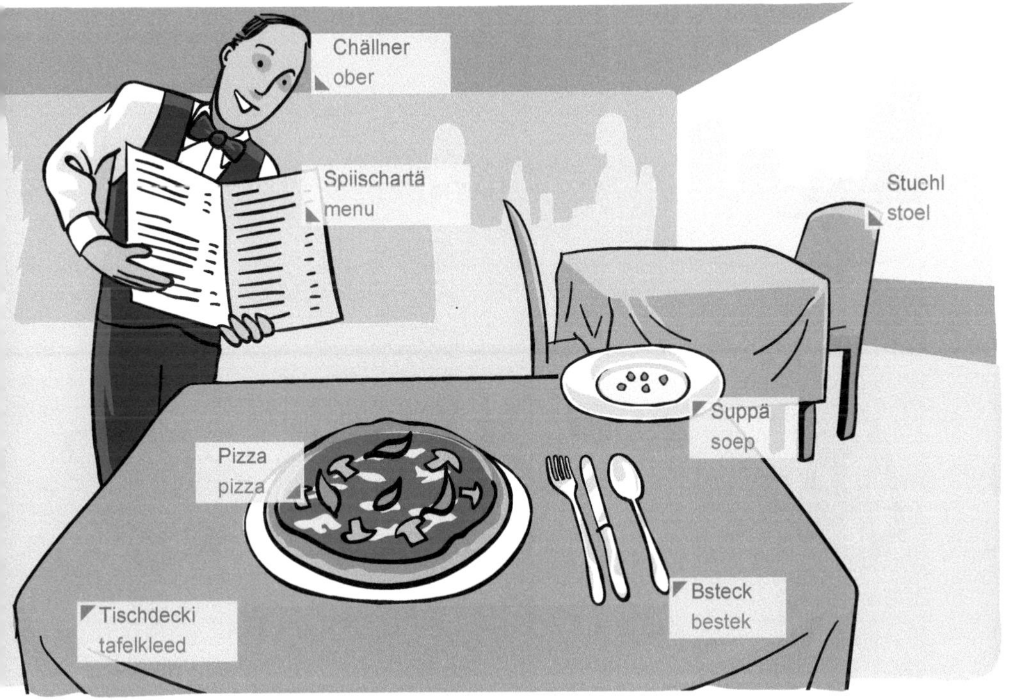
Chällner
ober
Spiischartä
menu
Stuchl
stoel
Suppä
soep
Pizza
pizza
Bsteck
bestek
Tischdecki
tafelkleed

Vorspiies

voorgerecht

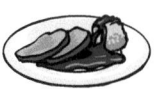

Hauptgricht

hoofdgerecht

Dessert

nagerecht

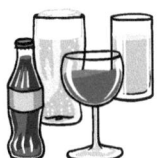

Getränk

drankjes

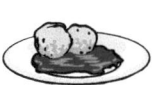

Läbensmittel

eten

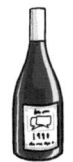

Fläsche

fles

Fast Food

fastfood

Street Food

street food

Teechanne

theepot

Zuckerdosä

suikerpot

Portion

portie

Espressomaschine

espressomachine

Hochstuehl

kinderstoel

Rächnig

rekening

Tablett

dienblad

Mässer

mes

Gable

vork

Löffel

lepel

Teelöffel

theelepel

Serviette

serviette

Glas

glas

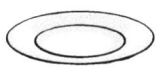

Täller
bord

Suppetällär
soepbord

Untertasse
schoteltje

Sose
saus

Salzstreuer
zoutvatje

Pfäffermühli
pepermolen

Essig
azijn

Öl
olie

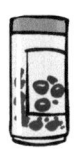

Gwürz
kruiden

Ketchup
ketchup

Sänf
mosterd

Mayonnaise
mayonaise

# Läbensmittellade
## supermarkt

Ahgebot
aanbieding
FOR
Chund
klant
Milchprodukt
zuivelproducten
Frücht
fruit
Iichaufswage
winkelwagen

BUTCHERS

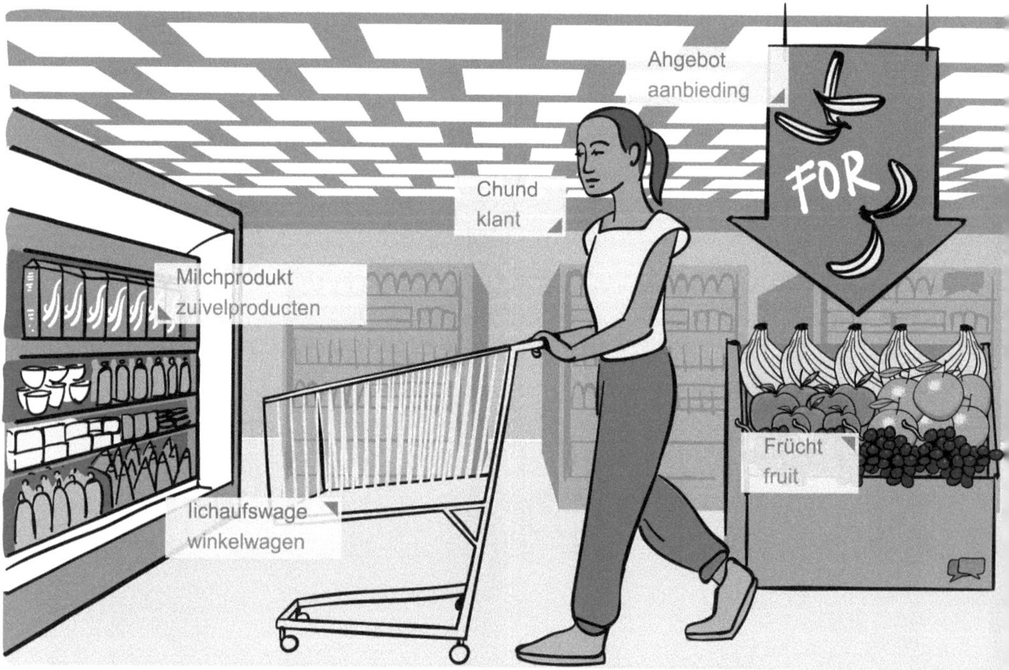

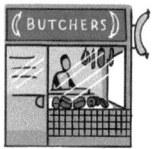

Schlachter

slagerij

BAKERY

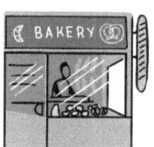

Beck

bakkerij

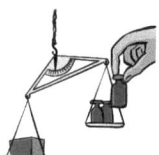

wiege

wegen

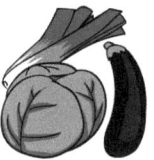

Gmües

groenten

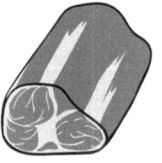

Fleisch

vlees

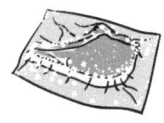

Tiefkühlprodukt

diepvriesvoedsel

Ufschnitt

charcuterie

die Konsärve

conserven

Wöschmittel

waspoeder

Süessigkeite

snoep

Huushaltartikel

huishoudproducten

Putzmittel

schoonmaakproducten

Verchäuferin

verkoopster

Kassä

kassa

Kassierer

kassier

Ihchaufsliste

boodschappenlijstje

Öffnigszite

openingstijden

das Portemonnaie

portefeuille

Kreditkarte

kredietkaart

Täsche

tas

Plastiksack

plastieken zakje

Wasser

water

Saft

sap

Milch

melk

Cola

cola

Wii

wijn

Bier

bier

Alkohol

alcohol

Ovi

cacao

Tee

thee

Kafi

koffie

Espresso

espresso

Cappuccino

cappuccino

Banane

banaan

Öpfel

appel

Orange

sinaasappel

Melone

meloen

Zitrone

citroen

Rüebli

wortel

Chnoobli

knoflook

Bambus

bamboe

Zwiblä

ajuin

Pilz

champignon

Nüss

noten

Nudle

noodles

Spaghetti

spaghetti

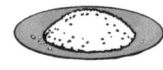

Riis

rijst

Salat

salade

Pommfrit

frieten

Bratherdöpfel

gebakken aardappelen

Pizza

pizza

Hamburgär

hamburger

Sandwich

sandwich

Gotlett

kalfslapje

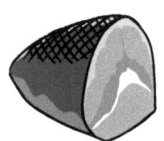

Schinkä

ham

Salami

salami

Würschtli

worst

Huehn

kip

Bratä

braden

Fisch

vis

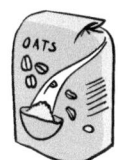

Haferflocke

havervlokken

Müesli

muesli

Cornflakes

cornflakes

Mähl

bloem

Gipfeli

croissant

Brötli

pistolet

Brot

brood

Toscht

toast

Guetzli

koekjes

Butter

boter

Quark

kwark

Chueche

taart

Ei

ei

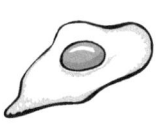

Spiegelei

spiegelei

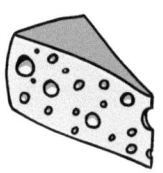

Chäs

kaas

Glace

ijs

Zucker

suiker

Honig

honing

Gonfi

confituur

Nougat-Creme

choco

Curry

curry

# Buurehof
## boerderij

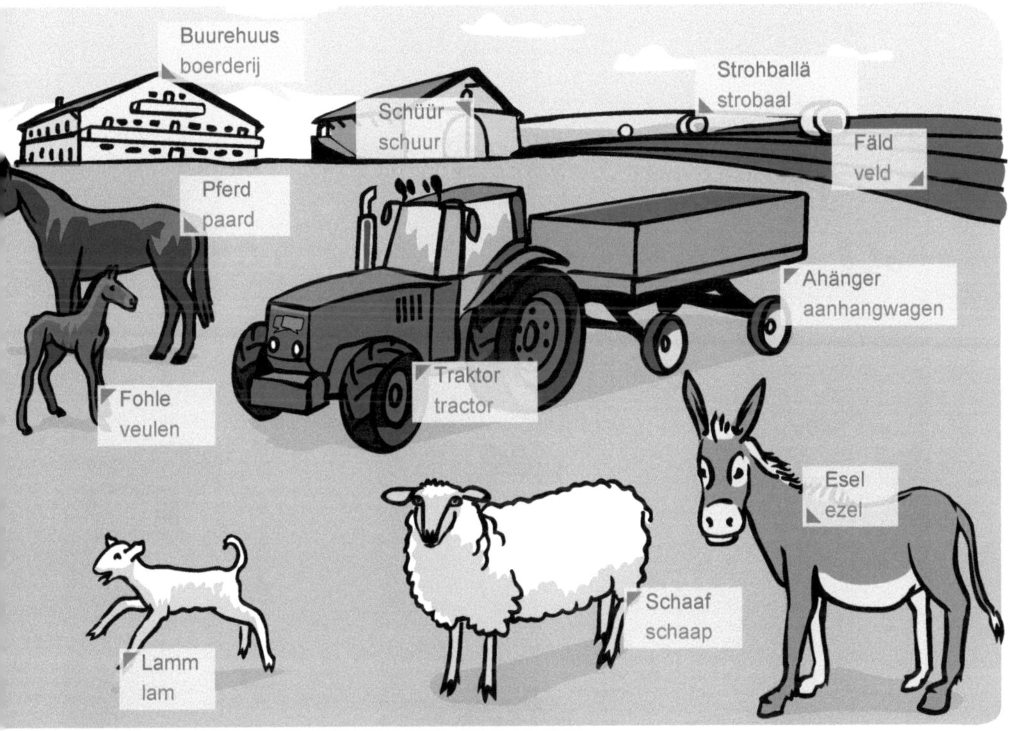
Buurehuus
boerderij
Strohballä
strobaal
Schüür
schuur
Fäld
veld
Pferd
paard
Ahänger
aanhangwagen
Traktor
tractor
Fohle
veulen
Esel
ezel
Schaaf
schaap
Lamm
lam

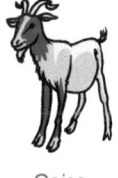

Geiss

geit

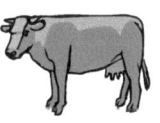

Chueh

koe

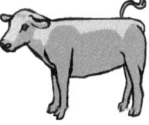

Chalb

kalf

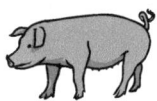

Sau

varken

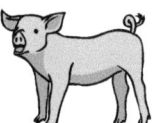

Ferkel

biggetje

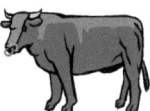

Rind

stier

Gans

gans

Änte

eend

Küke

kuiken

Huähn

kip

Güggel

haan

Ratte

rat

Chatz

kat

Muus

muis

Ochse

os

Hund

hond

Hundehütte

hondenhok

Garteschluuch

tuinslang

Giesschanne

gieter

Sägese

zeis

Pflueg

ploeg

Sichel

sikkel

Hacke

schoffel

Heugable

hooivork

Axt

bijl

Garette

kruiwagen

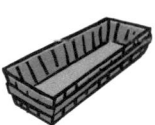

Trog

trog

Milchchanne

melkkan

Sack

zak

Haag

hek

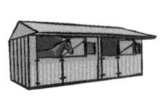

Gadä

stal

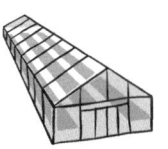

Gwächshuus

broeikas

Bode

bodem

Soome

zaad

Dünger

mest

Mähdrescher

maaidorser

ärnte

oogsten

Ärnte

oogst

Yamswurzle

yam

Weize

tarwe

Soja

soja

Härdöpfel

aardappel

Mais

maïs

Raps

koolzaad

Obstbaum

fruitboom

Maniok

maniok

Getreide

graan

# Huus
# huis

Chämi
schoorsteen
Dach
dak
Rägerinne
regenpijp
Fänschter
raam
Garage
garage
Lüüti
deurbel
Tür
deur
Mülltonne
vuilnisbak
Briefchaschte
brievenbus
Gartä
tuin


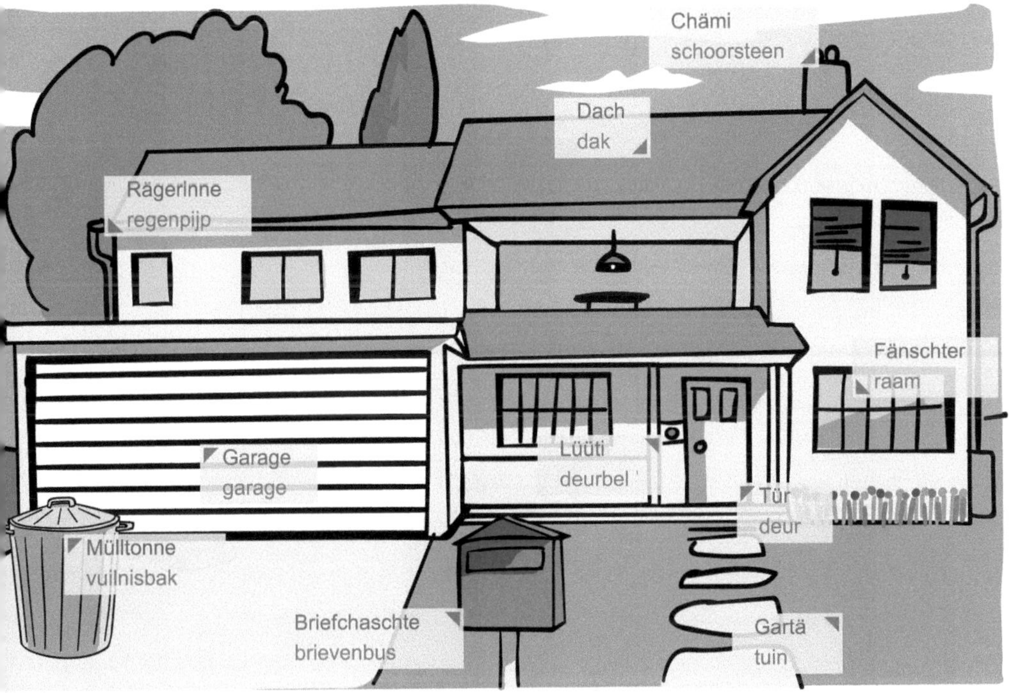

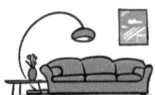

Stubä
woonkamer

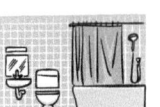

Badzimmer
badkamer

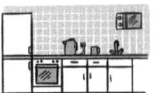

Chuchi
keuken

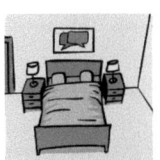

Schlofzimmer
slaapkamer

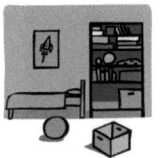

Chinderzimmer
kinderkamer

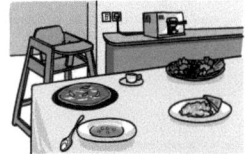

Ässzimmer
eetkamer

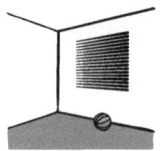

Bodä

vloer

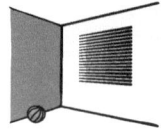

Wand

muur

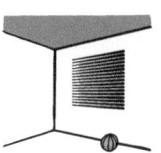

Decki

plafond

Chäller

kelder

Sauna

sauna

Balkon

balkon

Terasse

terras

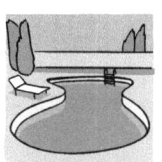

Pool

zwembad

Rasemäier

grasmaaier

Bettbezug

dekbedovertrek

Bettdecki

dekbed

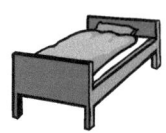

Bett

bed

Bäse

bezem

Chübel

emmer

Schalter

schakelaar

# Stubä
## woonkamer

Tapete
behangpapier
Bild
foto
Lampä
lamp
Regal
schap
Schrank
kast
Färnseh
televisie
Kamin
open haard
Bluamä
bloem
Chüssi
kussen
Sofa
sofa
Vasä
vaas
Färnbedienig
afstandsbediening

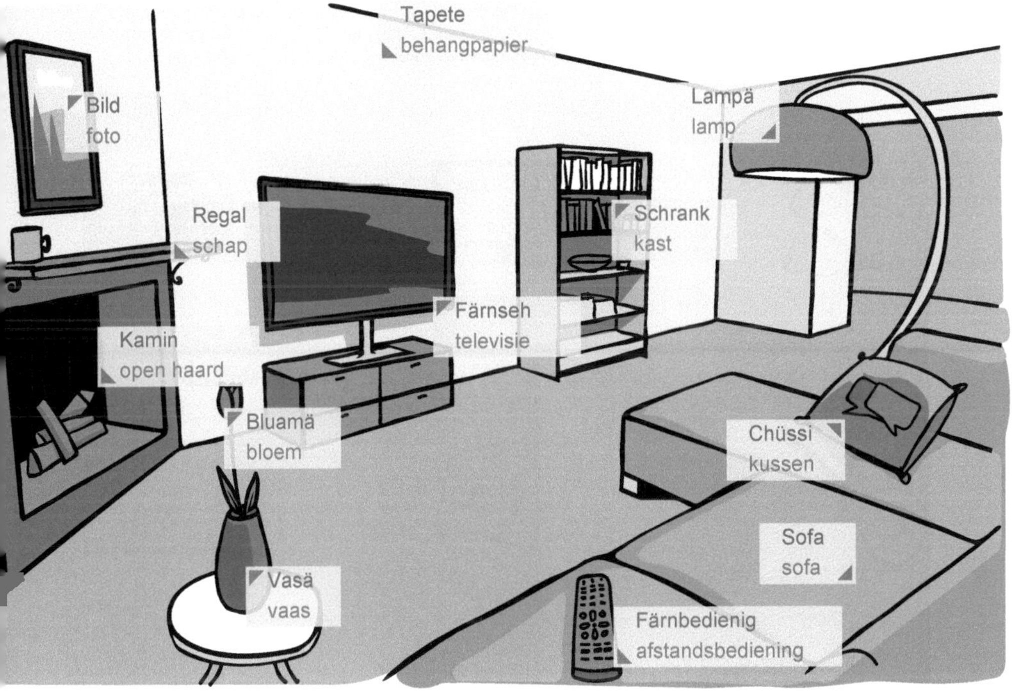

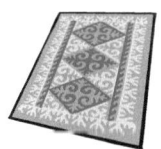

Teppich

mat

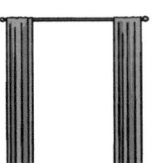

Vorhang

gordijn

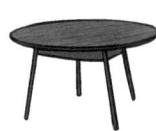

Tisch

tafel

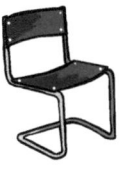

Stuehl

stoel

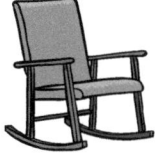

Schaukelstuehl

schommelstoel

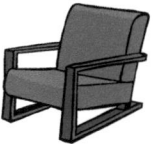

Sässel

fauteuil

| | | |
|---|---|---|
|  |  |  |
| Buech | Decki | Dekoration |
| boek | deken | decoratie |
|  |  |  |
| Füürholz | Film | Stereoahlag |
| brandhout | film | stereo-installatie |
|  |  |  |
| Schlüssel | Ziitig | Bild |
| sleutel | krant | schilderij |
|  |  |  |
| Poster | Radio | Notizblock |
| poster | radio | notitieboekje |
|  |  | 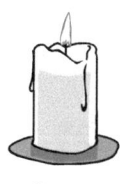 |
| Staubsuuger | Kaktus | Chärze |
| stofzuiger | cactus | kaars |

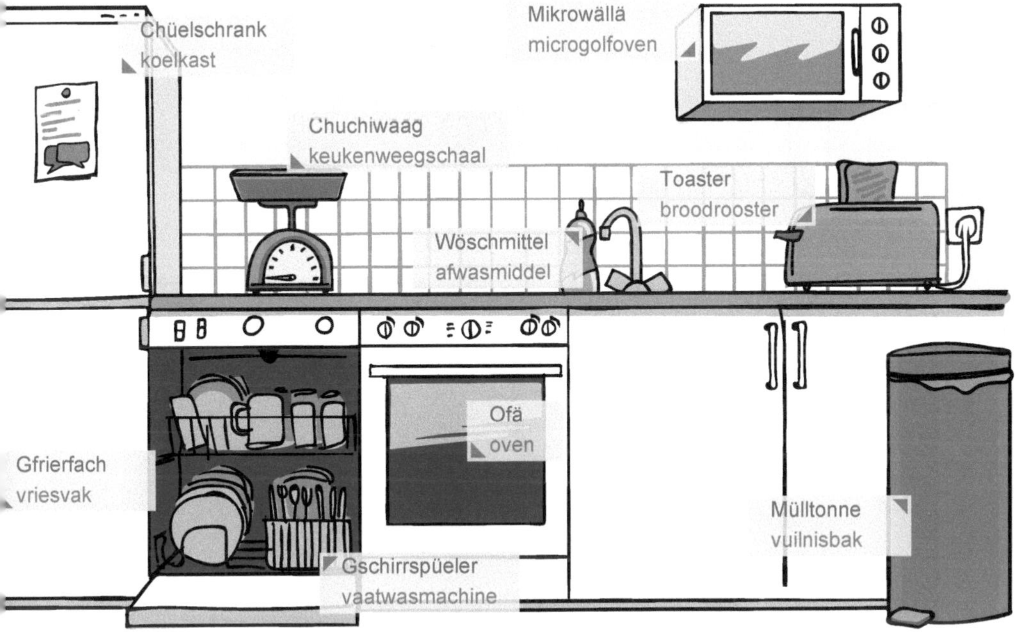

Chüelschrank
koelkast

Mikrowällä
microgolfoven

Chuchiwaag
keukenweegschaal

Toaster
broodrooster

Wöschmittel
afwasmiddel

Gfrierfach
vriesvak

Ofä
oven

Mülltonne
vuilnisbak

Gschirrspüeler
vaatwasmachine

Härd

fornuis

Topf

pot

Iisetopf

gietijzeren pot

Wok / Kadai

wok / kadai

Pfanne

pan

Wasserchocher

waterkoker

Dampfer

stoomkoker

Bachbläch

bakplaat

Gschirr

servies

Bächer

mok

Schale

kom

Stäbli

eetstokjes

Suppechellä

pollepel

Pfannewänder

spatel

Schneebäse

garde

Sieb

vergiet

Sieb

zeef

Raffle

rasp

Mörser

mortier

Grill

barbecue

Füürstell

haardvuur

Chuchi - keuken

Schniidbrätt

snijplank

Nudelholz

deegrol

Korkäzieher

kurkentrekker

Dosä

blik

Dosäöffner

blikopener

Topflappä

pannenlap

Wöschbecki

gootsteen

Bürste

borstel

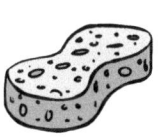

Schwumm

spons

Mixer

blender

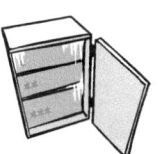

Grierschrank

vriezer

Babyfläschli

papfles

Hahnä

kraan

# Badzimmer
## badkamer

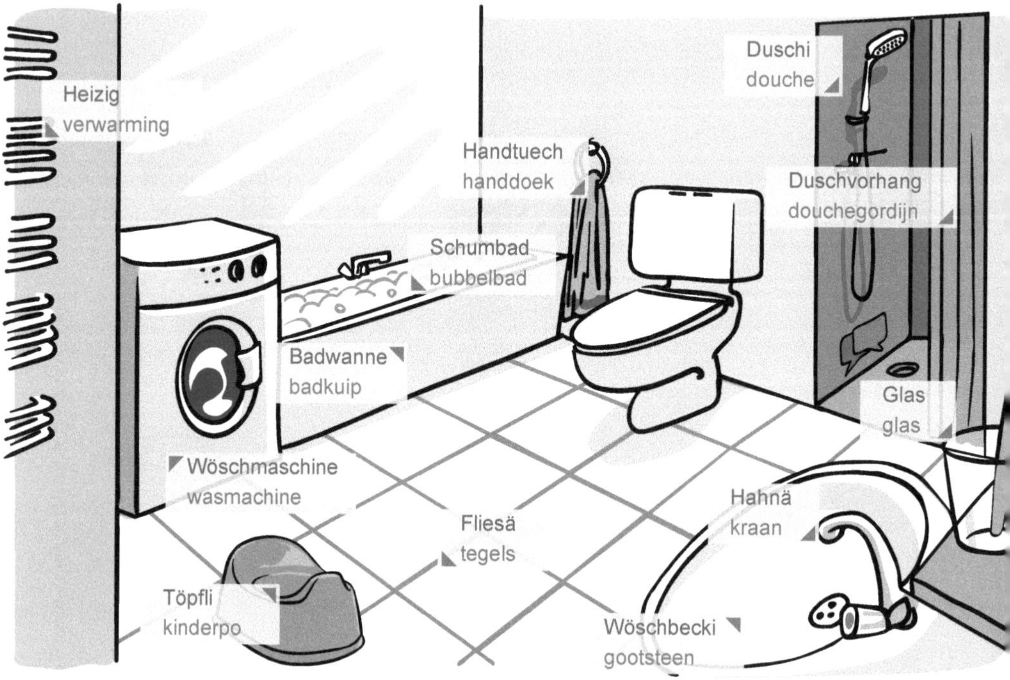

Heizig
verwarming
Handtuech
handdoek
Duschi
douche
Duschvorhang
douchegordijn
Schumbad
bubbelbad
Badwanne
badkuip
Glas
glas
Wöschmaschine
wasmachine
Hahnä
kraan
Fliesä
tegels
Töpfli
kinderpo
Wöschbecki
gootsteen


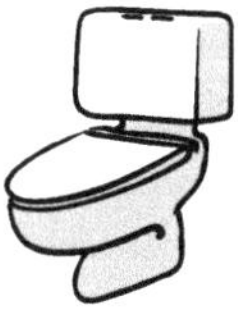

Toilette

toilet

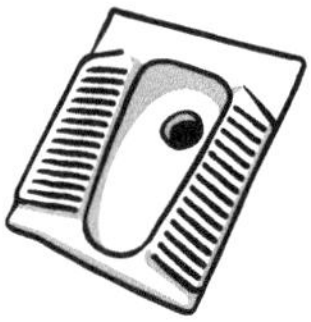

Plumpsklo

hurktoilet

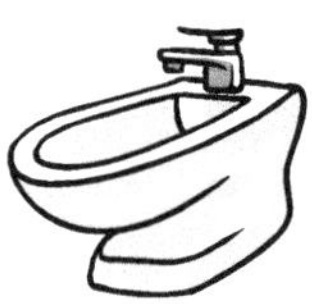

Bidet

bidet

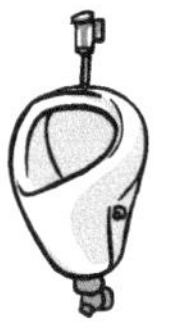

Pissoir

urinoir

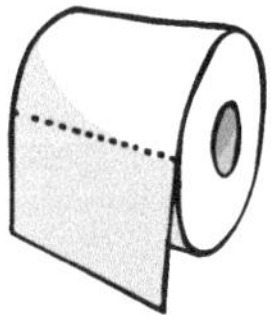

Toilettepapier

toiletpapier

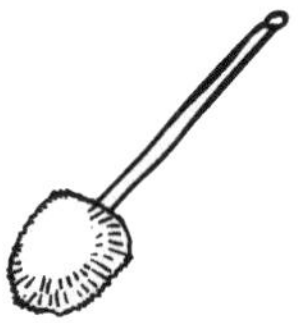

Toilettebürschteli

toiletborstel

Zahbürstä

tandenborstel

Zahpasta

tandpasta

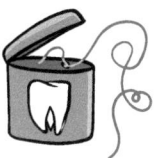

Zahnsiide

flosdraad

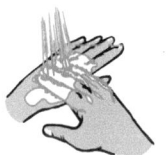

wäsche

wassen

Handduschi

handdouche

Intiimduschi

bidethanddouche

Wöschbecki

waskom

Ruggäbürste

rugborstel

Seifä

zeep

Duschgel

douchegel

Shampoo

shampoo

Waschlappä

washandje

Abfluss

afvoer

Creme

crème

Deo

deodorant

Spiegel

spiegel

Handspiegel

handspiegel

Rasierer

scheermes

Rasierschuum

scheerschuim

Aftershave

aftershave

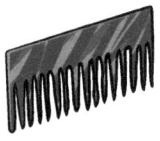

Schträäl

kam

Bürstä

borstel

Föhn

haardroger

Hoorspray

haarlak

Makeup

make-up

Lippestift

lippenstift

Nagellack

nagellak

Wattä

watten

Nagelscher

nagelknipper

Parfum

parfum

Necessaire
toilettas

Schemel
kruk

Waag
weegschaal

Badmantel
badjas

Gummihändscheh
latex handschoenen

Tampon
tampon

Damebinde
maandverband

chemischi Toilette
chemisch toilet

# Chinderzimmer
# kinderkamer

Wecker
wekker
Kuscheltier
knuffel
Spielzügauto
speelgoedauto
Rassle
rammelaar
Puppehuus
poppenhuis
Gschänk
geschenk

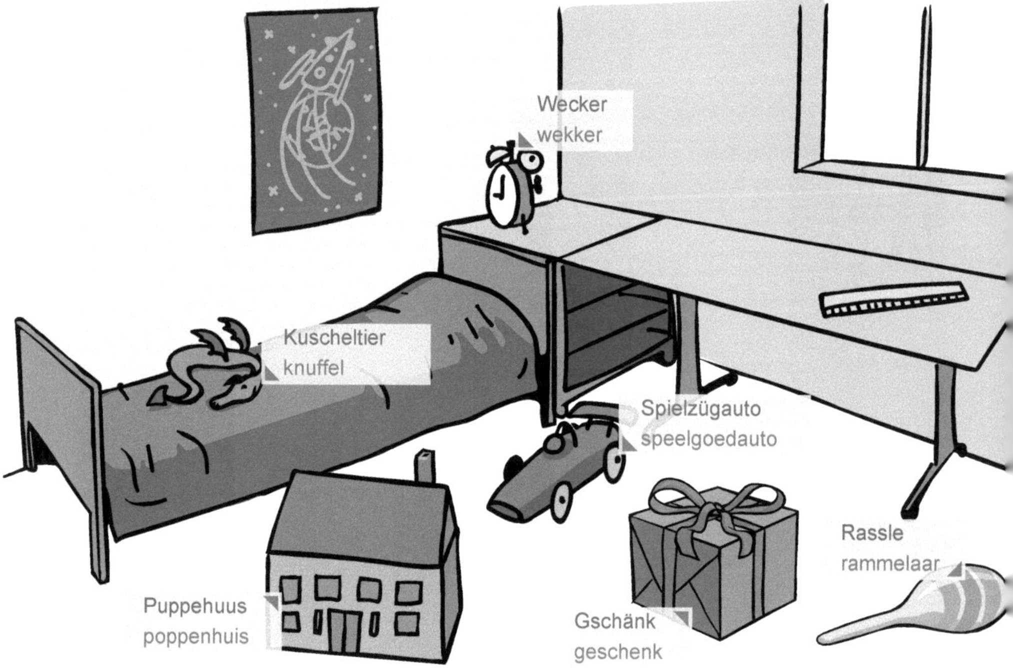

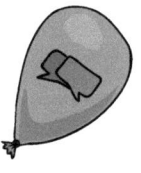

Ballon

ballon

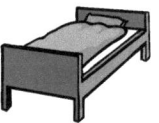

Bett

bed

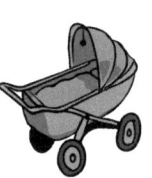

Chinderwage

kinderwagen

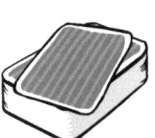

Chartespiel

spel kaarten

Puzzle

puzzel

SUPER
MEGA

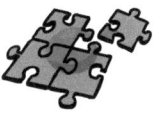

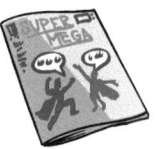

Comic

stripboek

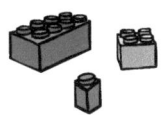

Legos

legoblokjes

Baustei

blokken

Action Figur

actiefiguur

Strampli

kruippakje

Frisbee

frisbee

Mobile

mobiel

Brättspiel

bordspel

Würfäl

dobbelsteen

Modellisebahn

modelspoorweg

Nuggi

fopspeen

Party

feest

Bilderbuch

prentenboek

Ball

bal

Puppä

pop

spiele

spelen

Sandchaschte

zandbak

Gigampfi

schommel

Spielzüg

speelgoed

Videospielkonsole

spelconsole

Dreirad

driewieler

Teddy

knuffelbeer

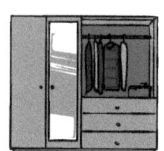

Chleiderschrank

kleerkast

# Chleidig
## kleding

Sockä

sokken

Strümpf

kousen

Strumpfhosä

maillot

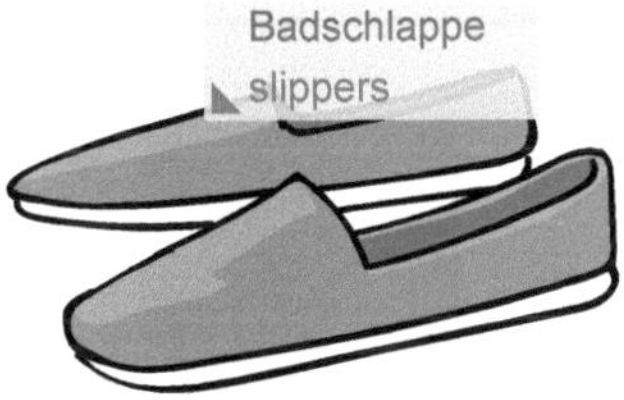

Schal
sjaal

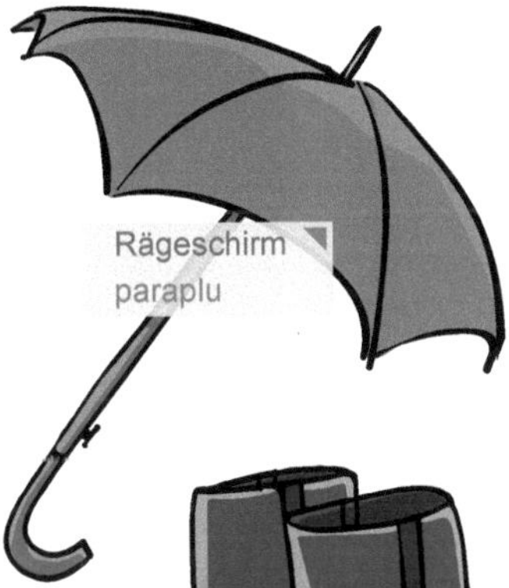

Rägeschirm
paraplu

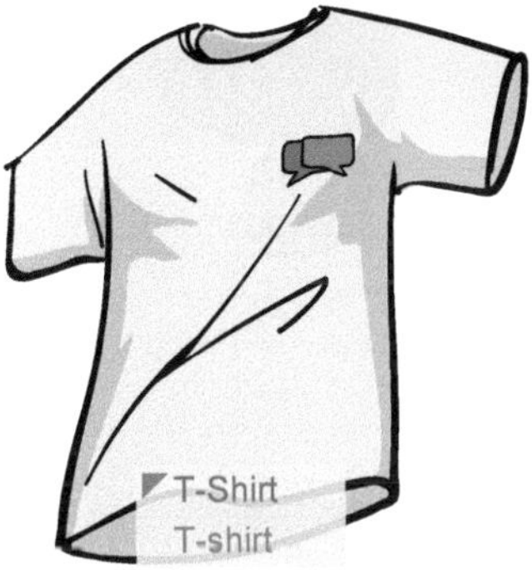

T-Shirt
T-shirt

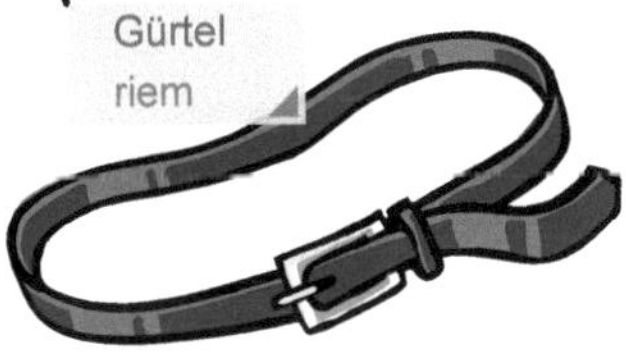

Gürtel
riem

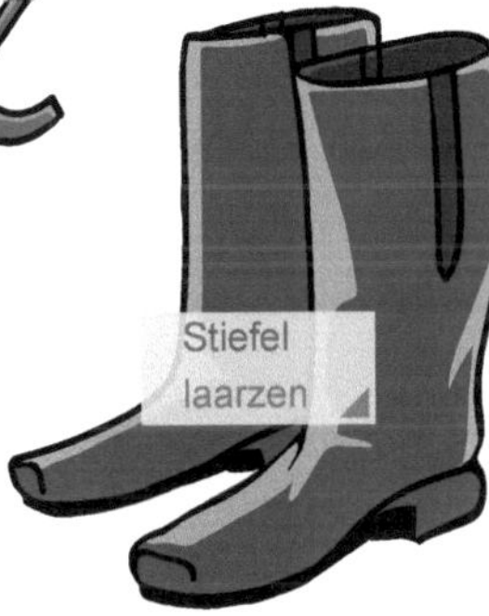

Stiefel
laarzen

Badschlappe
slippers

Turnschueh
sneakers

Sandalä
sandalen

Schueh
schoenen

Gummistiefel
rubberlaarzen

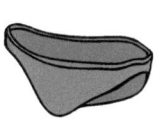

Untrhosä
onderbroek

BH
beha

Underlibli
onderhemd

Body
.................
lichaam

Hosä
.................
broek

Jeans
.................
jeans

Rock
.................
rok

Bluse
.................
blouse

Hömli
.................
hemd

Pulli
.................
trui

Kapuzepulli
.................
capuchontrui

Blazer
.................
blazer

Jacke
.................
jas

Mantel
.................
jas

Rägämantel
.................
regenjas

Chostüm
.................
kostuum

Chleid
.................
jurk

Hochziitskleid
.................
trouwjurk

Ahzug

pak

Nachthömli

nachthemd

Pyjama

pyjama

Sari

sari

Chopftuäch

hoofddoek

Turban

tulband

Burka

boerka

Kaftan

kaftan

Abaya

abaya

Badchleid

badpak

Badhose

zwembroek

churzi Hosä

short

Trainer

trainingspak

Schürze

schort

Händsche

handschoenen

Chnopf

knoop

Brüllä

bril

Armband

armband

Chetti

ketting

Ring

ring

Ohrering

oorbel

Chappe

pet

Chleiderbügel

kapstok

Huet

hoed

Grawattä

das

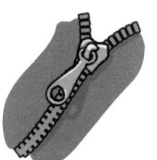

Riissverschluss

rits

Helm

helm

Hosäträger

bretellen

Schueluniform

schooluniform

Uniform

uniform

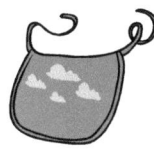

Lätzli

slabbetje

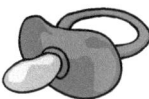

Nuggi

fopspeen

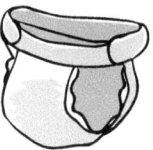

Windle

luier

# Büro
# kantoor

Server
server
Akteschrank
dossierkast
Drucker
printer
Papier
papier
Monitor
monitor
Muus
muis
Schribtisch
bureau
Ordner
map
Taschtatur
toestenbord
Papierchorb
papiermand
Computer
computer
Stuehl
stoel

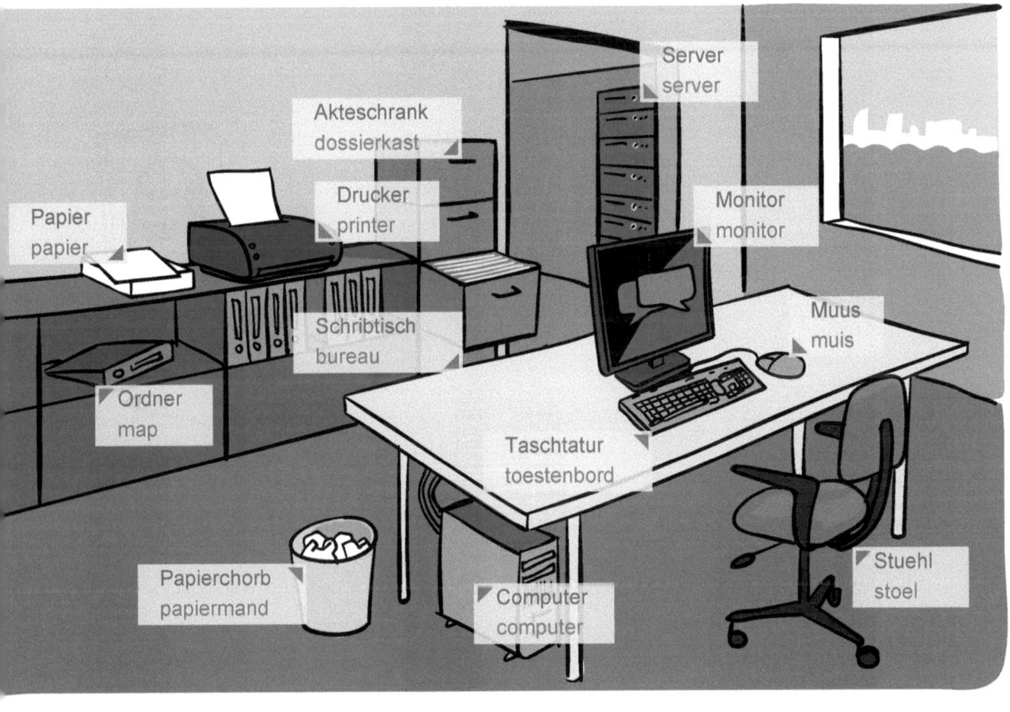

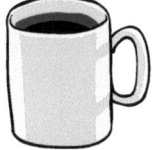

Kafibächer

koffiemok

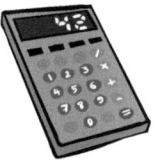

Tascherächner

rekenmachine

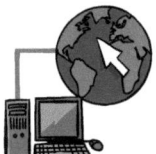

Internet

internet

| | | |
|---|---|---|
|  |  |  |
| Laptop | Brief | Nochricht |
| laptop | brief | bericht |
|  |  |  |
| Mobiltelefon | Netzwärk | Kopierer |
| gsm | netwerk | kopieerapparaat |
|  |  |  |
| Software | Telefon | Steckdosä |
| software | telefoon | stopcontact |
|  | 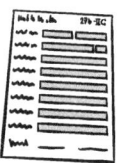 |  |
| Fax | Formular | Dokumänt |
| fax | formulier | document |

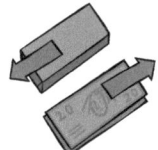

chaufe

kopen

zahle

betalen

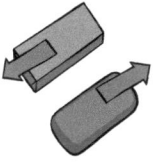

handle

handelen

Gäld

geld

Dollar

dollar

Euro

euro

Yen

yen

Rubel

roebel

Frankä

Zwitserse frank

Renminbi Yuan

Chinese renminbi

Rupie

roepie

Gäldautomat

geldautomaat

Wächselstube

wisselkantoor

Gold

goud

Silber

zilver

Öl

olie

Energie

energie

Priis

prijs

Vertrag

contract

Stüür

belasting

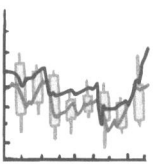

Aktie

aandeel

schaffe

werken

Mitarbeiter

werknemer

Arbeitgeber

werkgever

Fabrik

fabriek

Gschäft

winkel

# Brüef

## beroepen

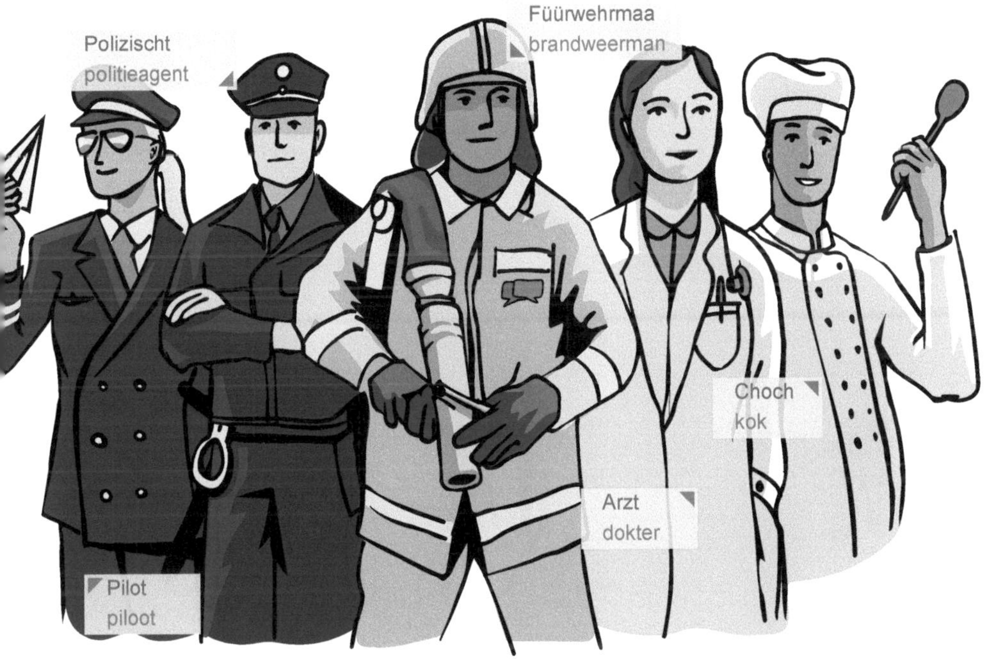
Polizischt
politieagent
Füürwehrmaa
brandweerman
Choch
kok
Arzt
dokter
Pilot
piloot

Gärtner
tuinman

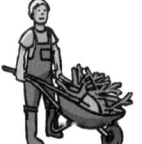

Zimmermah
timmerman

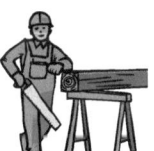

Näheri
naaister

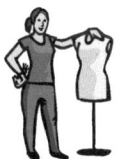

Richter
rechter

Chemiker
chemicus

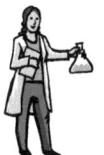

Darsteller
acteur

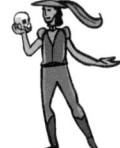

Busfahrer

buschauffeur

Taxifahrer

taxichauffeur

Fischer

visser

Putzfrau

schoonmaakster

Dachdecker

dakdekker

Chällner

ober

Jäger

jager

Moler

schilder

Bäcker

bakker

Elektriker

elektricien

Bauarbeiter

bouwvakker

Ingenieur

ingenieur

Schlachter

slager

Klämpner

loodgieter

Pöschtler

postbode

Soldat

soldaat

Architekt

architect

Kassierer

kassier

Florischt

bloemist

Frisör

kapper

Kontrolleur

conducteur

Mechaniker

mecanicien

Kapitän

kapitein

Zahnarzt

tandarts

Wüsseschaftler

wetenschapper

Rabbi

rabbijn

Imam

imam

Mönch

monnik

Pfarrer

geestelijke

# Werkzüüg
## werktuigen

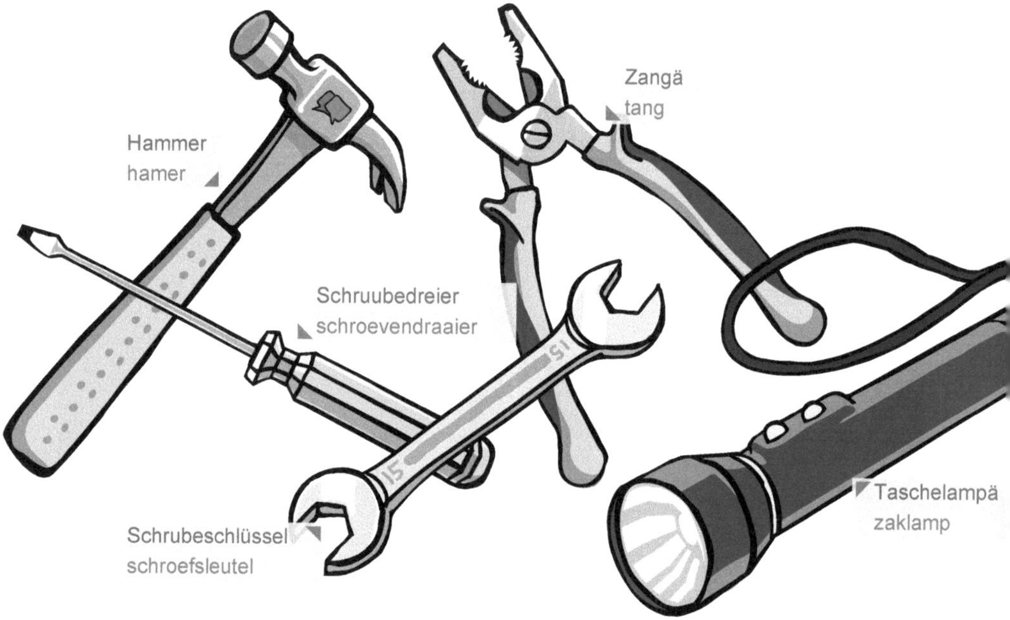
Zangä
tang
Hammer
hamer
Schruubedreier
schroevendraaier
Taschelampä
zaklamp
Schrubeschlüssel
schroefsleutel

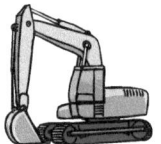

Bagger

graafmachine

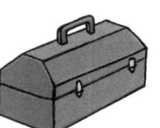

Werkzüügchaschte

gereedschapskoffer

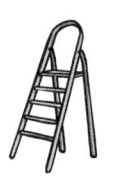

Leitere

ladder

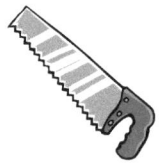

Sagi

zaag

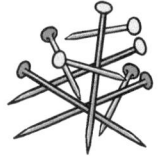

Negel

spijkers

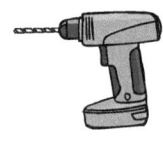

Bohrer

boormachine

flicke

repareren

Schufle

schop

Mischt!

Verdomme!

Ascheschufle

blik

Farbchübel

verfpot

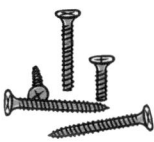

Schruube

schroeven

## Musiginstrumänt

## muziekinstrumenten

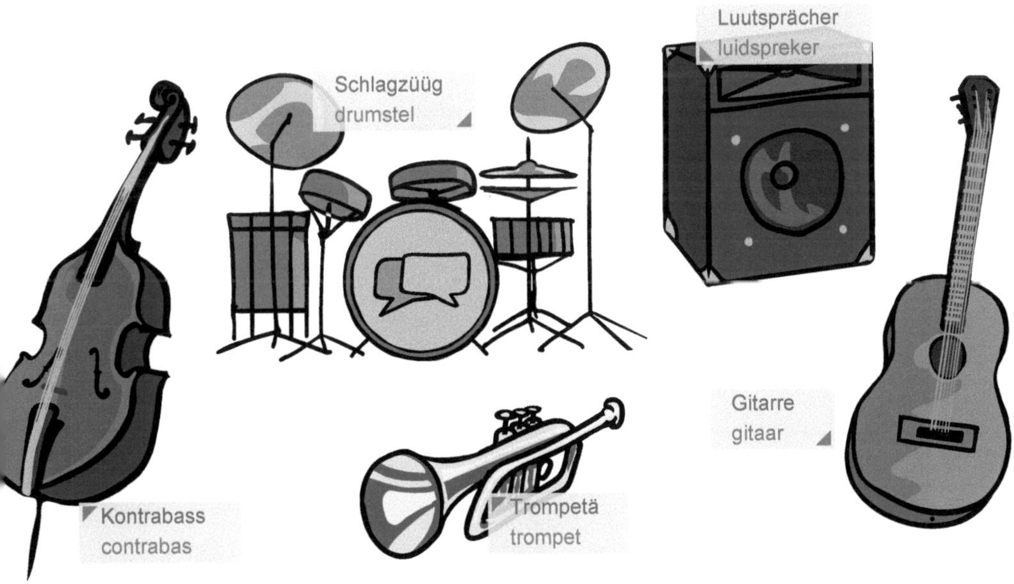

Schlagzüüg
drumstel

Luutsprächer
luidspreker

Gitarre
gitaar

Kontrabass
contrabas

Trompetä
trompet

Klavier

piano

Violine

viool

Bass

basgitaar

Pauke

pauk

Trummle

trommels

Keyboard

keyboard

Saxophon

saxofoon

Flöte

fluit

Mikrofon

microfoon

# Zolli

## zoo

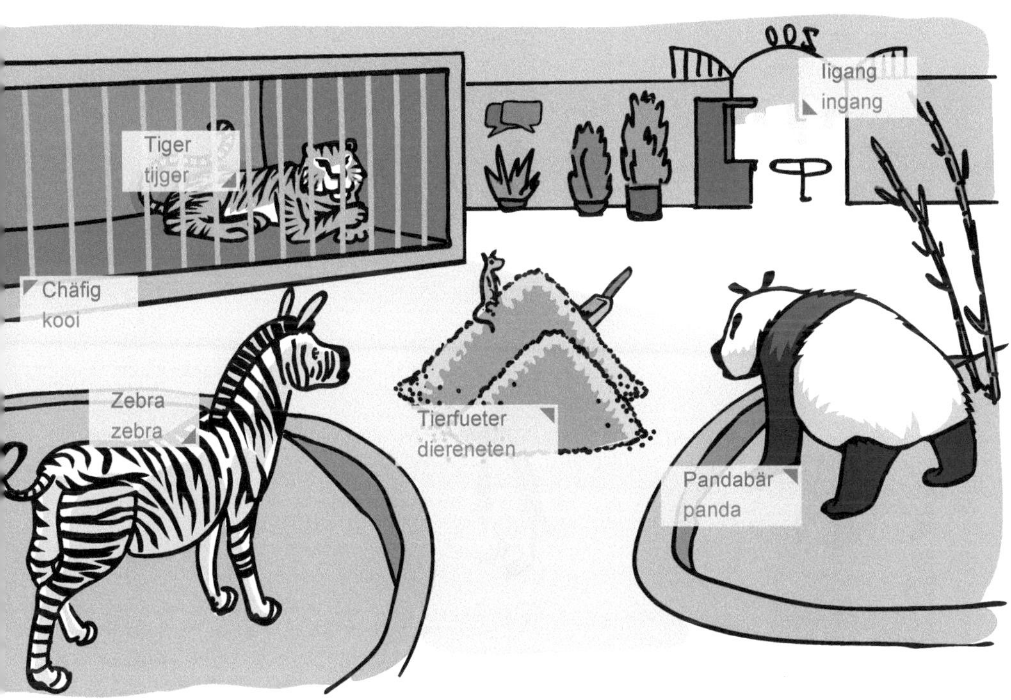
Iigang
ingang
Tiger
tijger
Chäfig
kooi
Zebra
zebra
Tierfueter
diereneten
Pandabär
panda

Tier

dieren

Elefant

olifant

Känguru

kangoeroe

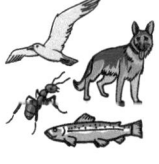

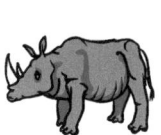

Nashorn

neushoorn

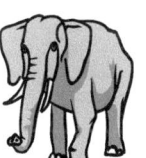

Gorilla

gorilla

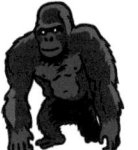

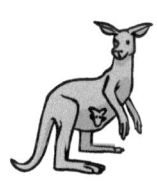

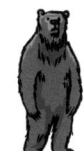

Bär

beer

Kamel

kameel

Struss

struisvogel

Leu

leeuw

Aff

aap

Flamingo

flamingo

Papagei

papegaai

Iisbär

ijsbeer

Pinguin

pinguïn

Hai

haai

Pfau

pauw

Schlangä

slang

Krokodil

krokodil

Zoowärter

dierenverzorger

Robbä

zeehond

Jaguar

jaguar

Zolli - zoo

Pony

pony

Leopard

luipaard

Nilpfärd

nijlpaard

Giraff

giraffe

Adler

adelaar

Wildschwein

wild zwijn

Fisch

vis

Schildkrot

zeeschildpad

Walross

walrus

Fuchs

vos

Cazelle

gazelle

American Football
rugby

Velofahre
wielrennen

Tennis
tennis

Basketball
basketbal

Schwümmä
zwemmen

Iishockey
ijshockey

Boxä
boksen

Fuessball
voetbal

Badminton
badminton

Liechtathletik
atletiek

Handball
handbal

Skifahre
skiën

Polo
polo

# Aktivitäte

# activiteiten

lachä
lachen
springä
springen
umarme
knuffelen
gah
wandelen
singe
zingen
troime
dromen
bätte
bidden
küssä
kussen


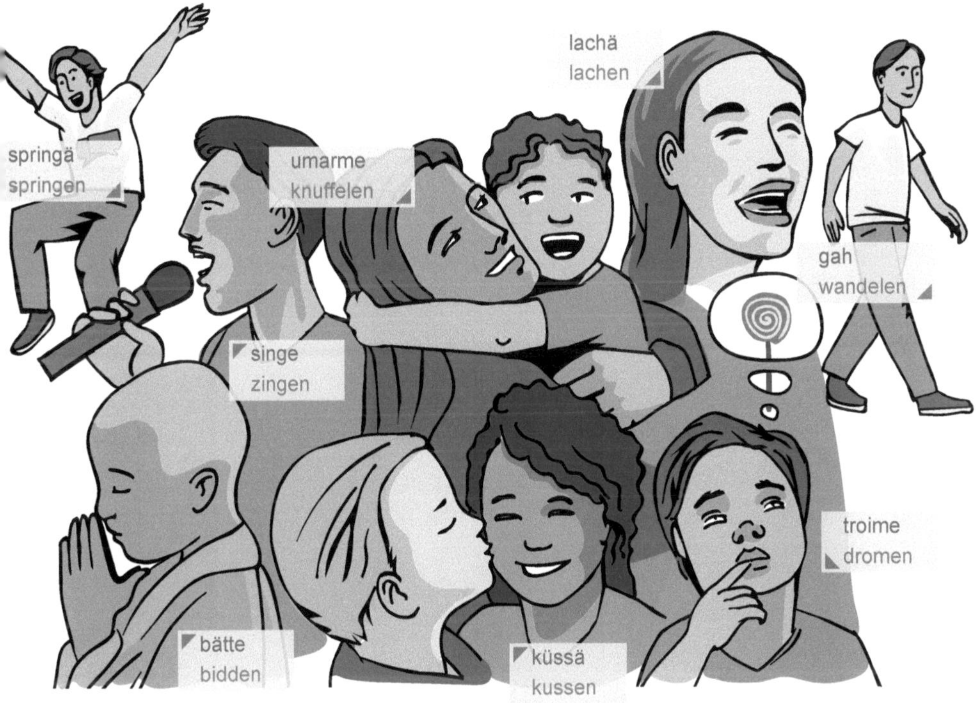

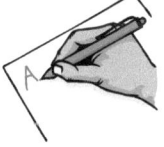

schribe

schrijven

zeichne

tekenen

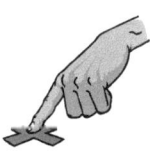

zeige

tonen

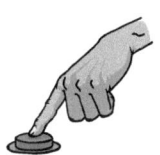

schiebe

duwen

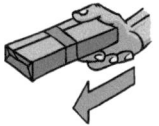

gäh

geven

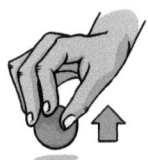

näh

nemen

händ

hebben

mache

doen

sy

zijn

stah

staan

laufe

lopen

zieh

trekken

rüerä

gooien

fallä

vallen

ligge

liggen

warte

wachten

träge

dragen

sitze

zitten

ahzieh

aankleden

schlafe

slapen

ufwache

ontwaken

ahluege

kijken naar

brüele

wenen

striichle

aaien

bürste

kammen

redä

praten

verschtah

begrijpen

froog

vragen

lose

luisteren

trinke

drinken

ässe

eten

ufruume

opruimen

llebe

houden van

chochä

koken

fahre

rijden

flüge

vliegen

segle
zeilen

rächne
rekenen

läse
Lezen

leerä
leren

schaffe
werken

hürate
trouwen

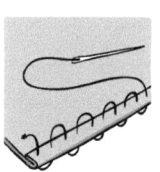

näije
naaien

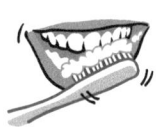

Zäh putze
tandenpoetsen

töte
doden

schlootä
roken

sände
sturen

Grossmuetter
grootmoeder

Grossvater
grootvader

Vatter
vader

Muetter
moeder

Baby
baby

Tochter
dochter

Sohn
zoon

Gast

gast

Tante

tante

Unkel

oom

Brüeder

broer

Schwöschter

zus

# Körpär

## lichaam

Stirn
voorhoofd
Aug
oog
Schultere
schouder
Fingär
vinger
Gsicht
gezicht
Chüni
kin
Hand
hand
Bei
been
Bruscht
borst
Arm
arm


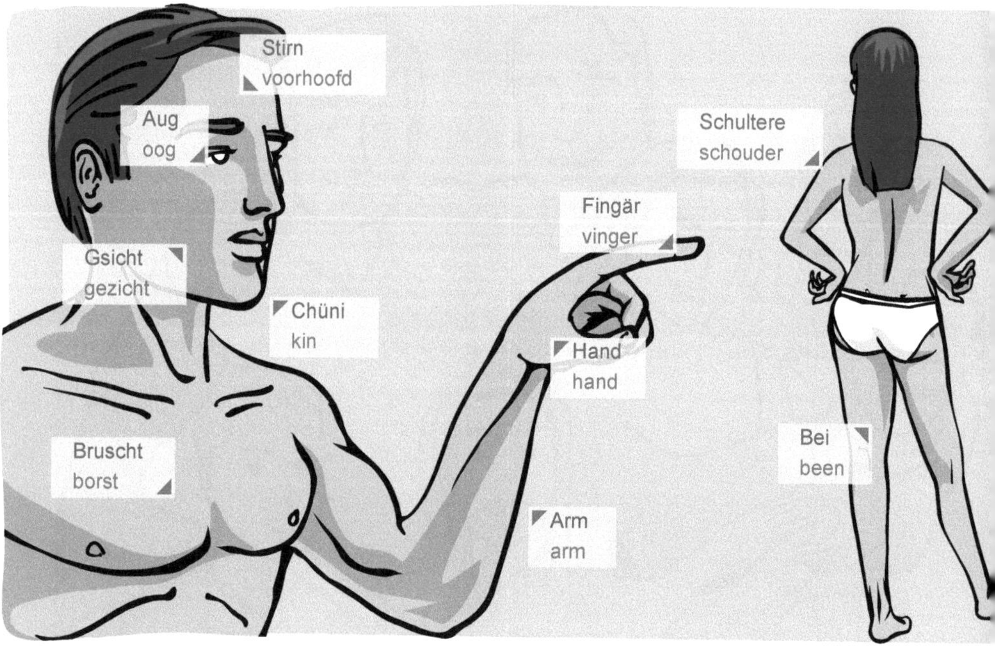

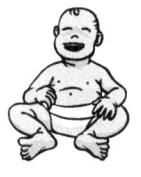

Baby

baby

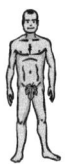

Mah

man

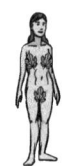

Frau

vrouw

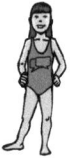

Meitli

meisje

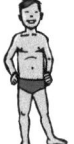

Bueb

jongen

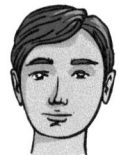

Chopf

hoofd

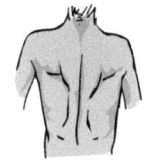

**Ruggä**

rug

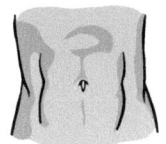

**Buuch**

buik

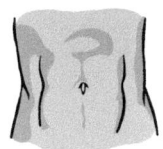

**Buchnabel**

navel

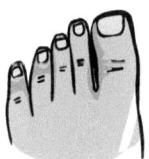

**Zäche**

teen

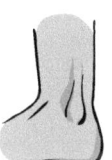

**Fersä**

hiel

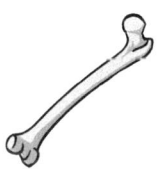

**Knoche**

bot

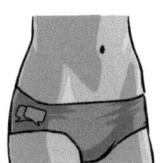

**Hüfte**

heup

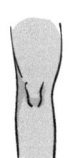

**Chnü**

knie

**Ellbogä**

elleboog

**Nase**

neus

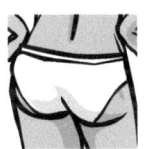

**Füdli**

zitvlak

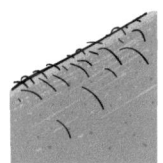

**Hut**

huid

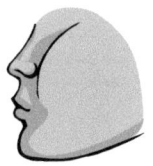

**Bagge**

wang

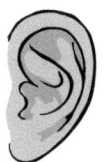

**Ohr**

oor

**Lippe**

lip

Muul

mond

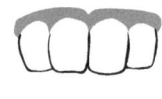

Zah

tand

Zungä

tong

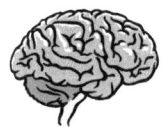

Hirni

hersenen

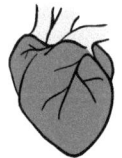

Härz

hart

Muskel

spier

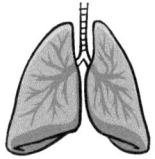

Lungä

long

Läberä

lever

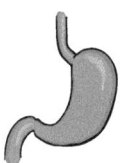

Magen

maag

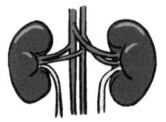

Nierä

nieren

Gschlächtsvrkehr

seks

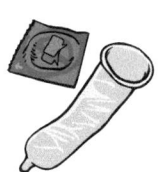

Kondom

condoom

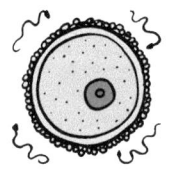

Eizälle

eicel

Soome

sperma

Schwangerschaft

zwangerschap

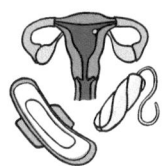

Menstruation

menstruatie

Vagina

vagina

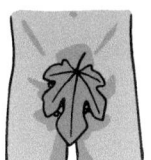

Penis

penis

Augebrauä

wenkbrauw

Haar

haar

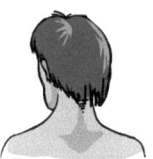

Hals

nek

# Spital
# ziekenhuis

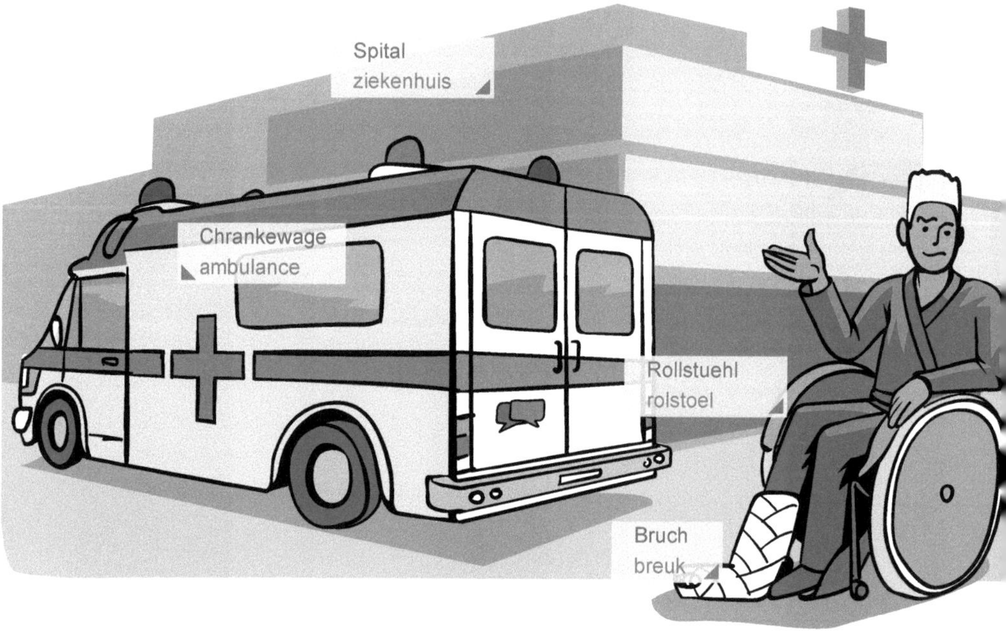
Spital
ziekenhuis
Chrankewage
ambulance
Rollstuehl
rolstoel
Bruch
breuk

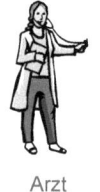

Arzt
dokter

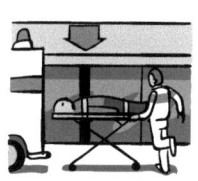

Notufnahm
spoed

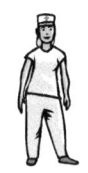

Chrankeschwöschter
verpleegkundige

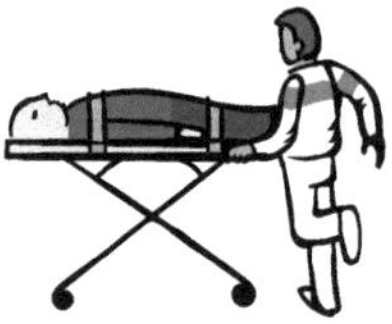

Notfall
noodgeval

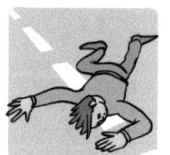

ohnmächtig
bewusteloos

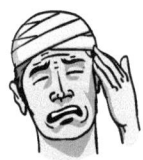

Schmärz
pijn

**Verletzig**

verwonding

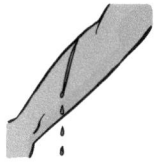

**Bluätig**

bloeding

**Härzinfarkt**

hartaanval

**Schlagahfall**

beroerte

**Allergie**

allergie

**Hueschtä**

hoest

**Fieber**

koorts

**Grippe**

griep

**Durchfall**

diarree

**Kopfschmärze**

hoofdpijn

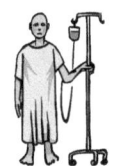

**Kräbs**

kanker

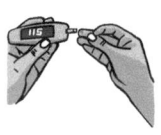

**Diabetes**

diabetes

**Chirurg**

chirurg

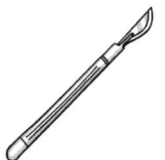

**Skalpell**

scalpel

**Operation**

operatie

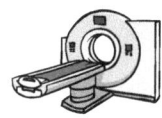

CT
CT

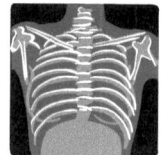

Röntgä
röntgenstraal

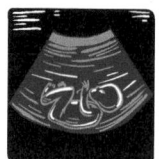

Ultraschall
ultrageluid

Gsichtsmaske
gezichtsmasker

Krankhet
ziekte

Wartezimmer
wachtkamer

Krückä
kruk

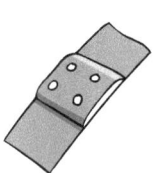

Pflaster
pleister

Vrband
verband

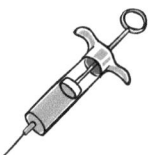

Injektion
injectie

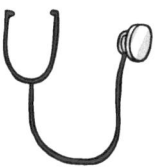

Stethoskop
stethoscoop

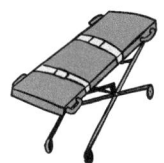

Trage
brancard

Thermometer
thermometer

Geburt
geboorte

Übergwicht
overgewicht

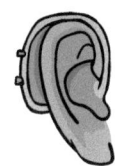

Hörgrät
hoorapparaat

Desinfektionsmittel
ontsmettingsmiddel

Infektion
infectie

Virus
virus

HIV / AIDS
HIV / AIDS

Medizin
medicijn

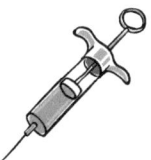

Impfig
vaccinatie

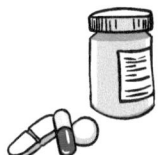

Tablette
tabletten

Pille
pil

Notruef
noodoproep

Bluetdruck-Mässgrät
bloeddrukmeter

chrank / gsund
ziek / gezond

| | | |
|---|---|---|
| |  |  |
| Hiufe! | Alarm | Überfall |
| Help! | alarm | overval |
|  |  |  |
| Ahgriff | Gfohr | Notuusgang |
| aanval | gevaar | nooduitgang |
| |  |  |
| Füür! | Füürlöscher | Unfall |
| Brand! | brandblusser | ongeval |
| 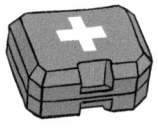 |  |  |
| Ersti-Hilf-Koffer | SOS | Polizei |
| EHBO-kit | SOS | politie |

Europa

Europa

Nordamerika

Noord-Amerika

Südamerika

Zuid-Amerika

Afrika

Afrika

Asie

Azië

Auschtralie

Australië

Atlantik

Atlantische Oceaan

Pazifik

Stille Oceaan

Indische Ozean

Indische Oceaan

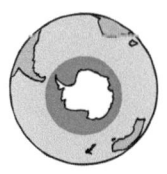

Antarktische Ozean

Antarctische Oceaan

Arktische Ozean

Arctische Oceaan

Nordpol

Noordpool

Südpol

Zuidpool

Antarktis

Antarctica

Ärde

aarde

Land

land

Meer

zee

Inslä

eiland

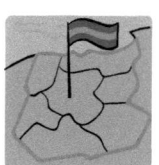

Nation

natie

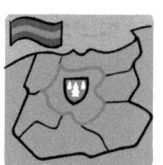

Staat

staat

Ziffereblatt

wijzerplaat

Stundezeiger

uurwijzer

Minutezeiger

minuutwijzer

Sekundezeiger

secondewijzer

Wie spaht isch es?

Hoe laat is het?

Tag

dag

Zit

tijd

jetzt

nu

Digitaluhr

digitale horloge

Minute

minuut

Stunde

uur

# Wuche
## week

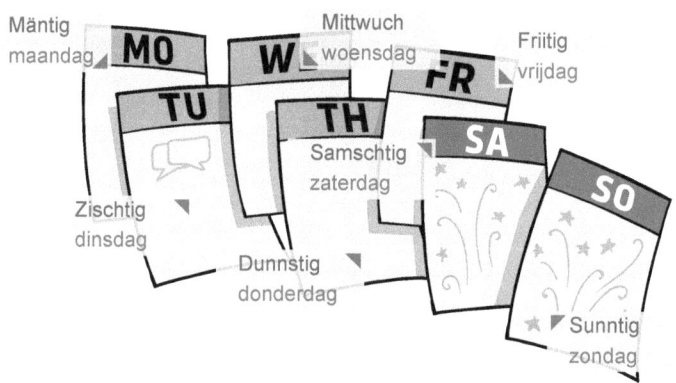

Mäntig
maandag — **MO**

**TU**
Zischtig
dinsdag

Mittwuch
**W** woensdag

**TH**
Samschtig
zaterdag

Dunnstig
donderdag

Friitig
vrijdag **FR**

**SA**

**SO**

Sunntig
zondag

geschter
................
gisteren

hüt
................
vandaag

morn
................
morgen

Morgä
................
ochtend

Mittag
................
middag

Aabig
................
avond

| MO | TU | WE | TH | FR | SA | SU |
|----|----|----|----|----|----|----|
| 1 | 2 | 3 | 4 | 5 | 6 | 7 |
| 8 | 9 | 10 | 11 | 12 | 13 | 14 |
| 15 | 16 | 17 | 18 | 19 | 20 | 21 |
| 22 | 23 | 24 | 25 | 26 | 27 | 28 |
| 29 | 30 | 31 | 1 | 2 | 3 | 4 |

Wärktag
................
werkdagen

| MO | TU | WE | TH | FR | SA | SU |
|----|----|----|----|----|----|----|
| 1 | 2 | 3 | 4 | 5 | 6 | 7 |
| 8 | 9 | 10 | 11 | 12 | 13 | 14 |
| 15 | 16 | 17 | 18 | 19 | 20 | 21 |
| 22 | 23 | 24 | 25 | 26 | 27 | 28 |
| 29 | 30 | 31 | 1 | 2 | 3 | 4 |

Wuchenänd
................
weekend

Wuche - week

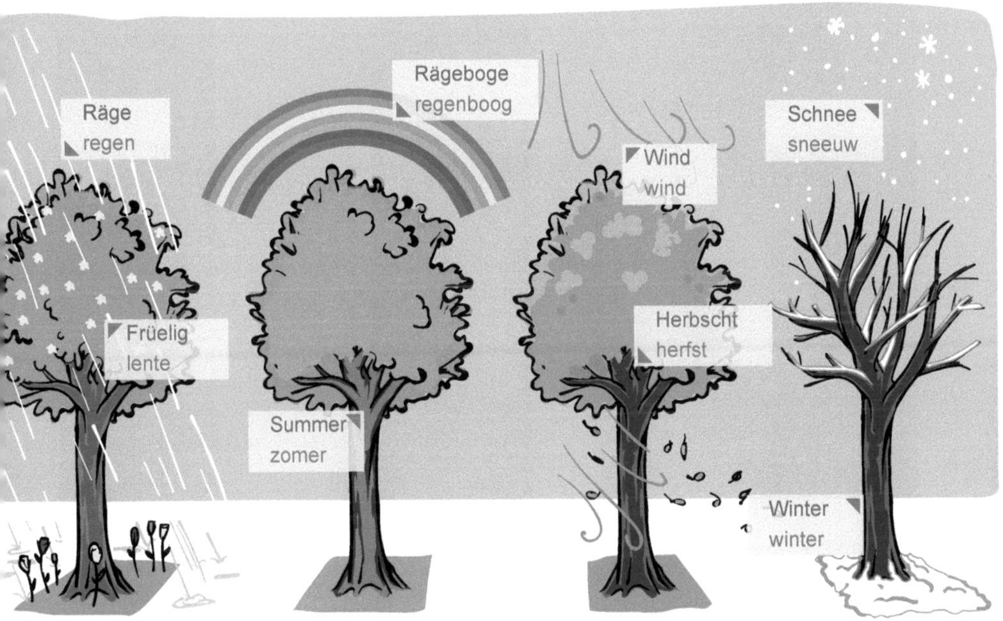

Räge
regen
Rägeboge
regenboog
Wind
wind
Schnee
sneeuw
Früelig
lente
Summer
zomer
Herbscht
herfst
Winter
winter


4.APRIL 11°
5.APRIL 4°
6.APRIL 13°
7.APRIL 8°
0.APRIL 10°


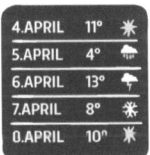

Wättervorhärsag

weervoorspelling

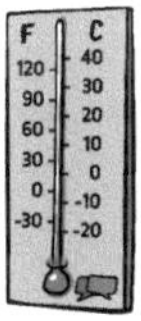

F
C
120
90
60
30
0
-30
40
30
20
10
0
-10
-20


Thermometer

thermometer

Sunneschiin

zonneschijn

Wolkä

wolk

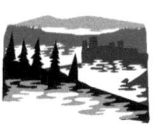

Näbel

mist

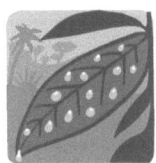

Fiechtigkeit

vochtigheid

Blitz

bliksem

Dunner

donder

Sturm

storm

Hagel

hagel

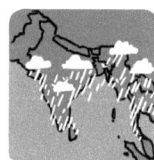

Monsun

moesson

Fluet

overstroming

Iis

ijs

Januar

januari

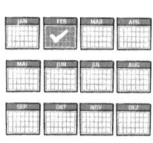

Februar

februari

März

maart

April

april

Mai

mei

Juni

juni

Juli

juli

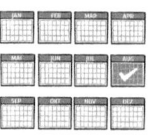

Auguscht

augustus

Septämber
................
september

Oktober
................
oktober

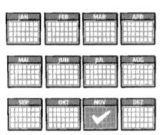

Novämber
................
november

Dezämber
................
december

## Forme
## vormen

Kreis
................
cirkel

Quadrat
................
kwadraat

Rächteck
................
rechthoek

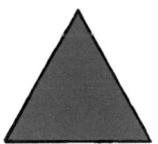

Dreieck
................
driehoek

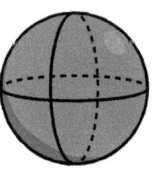

Chugele
................
bol

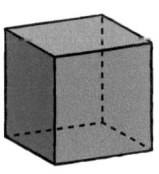

Würfel
................
kubus

wiss

wit

gäl

geel

orange

oranje

pink

roze

rot

rood

liila

paars

blau

blauw

grüen

groen

bruun

bruin

grau

grijs

schwarz

zwart

viel / wenig

veel / weinig

hässig / ruhig

boos / kalm

hübsch / hässlich

mooi / lelijk

Ahfang / Ändi

begin / einde

gross / chli

groot / klein

hell / dunkel

licht / donker

Brüeder / Schwöschter

broer / zus

suuber / dräckig

proper / vuil

vollständig / unvollständig

volledig / onvolledig

Tag / Nacht

dag / nacht

tot / läbig

dood / levend

breit / schmal

breed / smal

ässbar / nid ässbar

eetbaar / oneetbaar

bös / fründlich

kwaadaardig / vriendelijk

uffreggt / glangwilt

opgewonden / verveeld

dick / dünn

dik / dun

zerscht / zletscht

eerst / laatst

Fründ / Find

vriend / vijand

voll / läär

vol / leeg

hart / weich

hard / zacht

schwer / liecht

zwaar / licht

Hunger / Durscht

honger / dorst

chrank / gsund

ziek / gezond

illegal / legal

illegaal / legaal

intelligänt / gatz

intelligent / dom

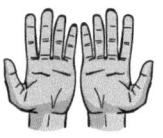

links / rächts

links / rechts

nöch / wiit weg

dichtbij / veraf

neu / bruucht
·················
nieuw / gebruikt

nüt / öpis
·················
niets / iets

alt / jung
·················
oud / jong

ah / uss
·················
aan / uit

offe / zue
·················
open / dicht

lislig / luut
·················
stil / luid

riich / arm
·················
rijk / arm

richtig / falsch
·················
juist / fout

rau / glatt
·················
ruw / glad

truurig / glücklich
·················
droevig / blij

ohurz / lang
·················
kort / lang

langsam / schnäll
·················
traag / snel

nass / trochä
·················
nat / droog

warm / chalt
·················
warm / koud

Chrieg / Friede
·················
oorlog / vrede

**0**

Null

nul

**1**

eis

één

**2**

zwei

twee

**3**

drü

drie

**4**

vier

vier

**5**

foif

vijf

**6**

sächs

zes

**7**

sibe

zeven

**8**

acht

acht

**9**

nün

negen

**10**

zäh

tien

**11**

elf

elf

## 12
zwölf

twaalf

## 13
drizäh

dertien

## 14
vierzäh

veertien

## 15
füfzäh

vijftien

## 16
sächzäh

zestien

## 17
siebzäh

zeventien

## 18
achtzäh

achtien

## 19
nünzäh

negentien

## 20
zwänzg

twintig

## 100
Hundert

honderd

## 1.000
Tuusig

duizend

## 1.000.000
Million

miljoen

Änglisch

Engels

Amerikanischs Änglisch

Amerikaans Engels

Chinesisch Mandarin

Chinees (Mandarijn)

Hindi

Hindi

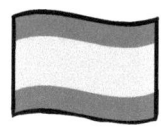

Spanisch

Spaans

Französisch

Frans

Arabisch

Arabisch

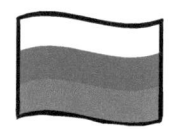

Russisch

Russisch

Portugiesisch

Portugees

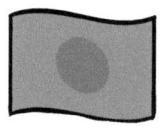

Bengalisch

Bengali

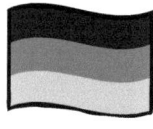

Dütsch

Duits

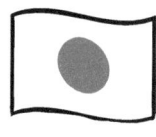

Japanisch

Japans

ich
ik

du
u

är / sie / es
hij / zij / het

mir
wij

ihr
u

sie
ze

wär?
wie?

was?
wat?

wie?
hoe?

wo?
waar?

wänn?
wanneer?

Name
naam

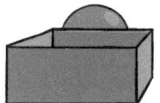

hinder

achter

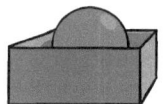

in

in

vor

voor

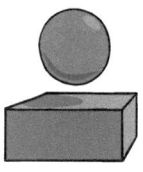

über

boven

uf

op

under

onder

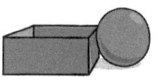

näbe

naast

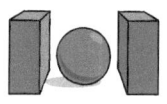

zwüsche

tussen

Ort

plaats

·